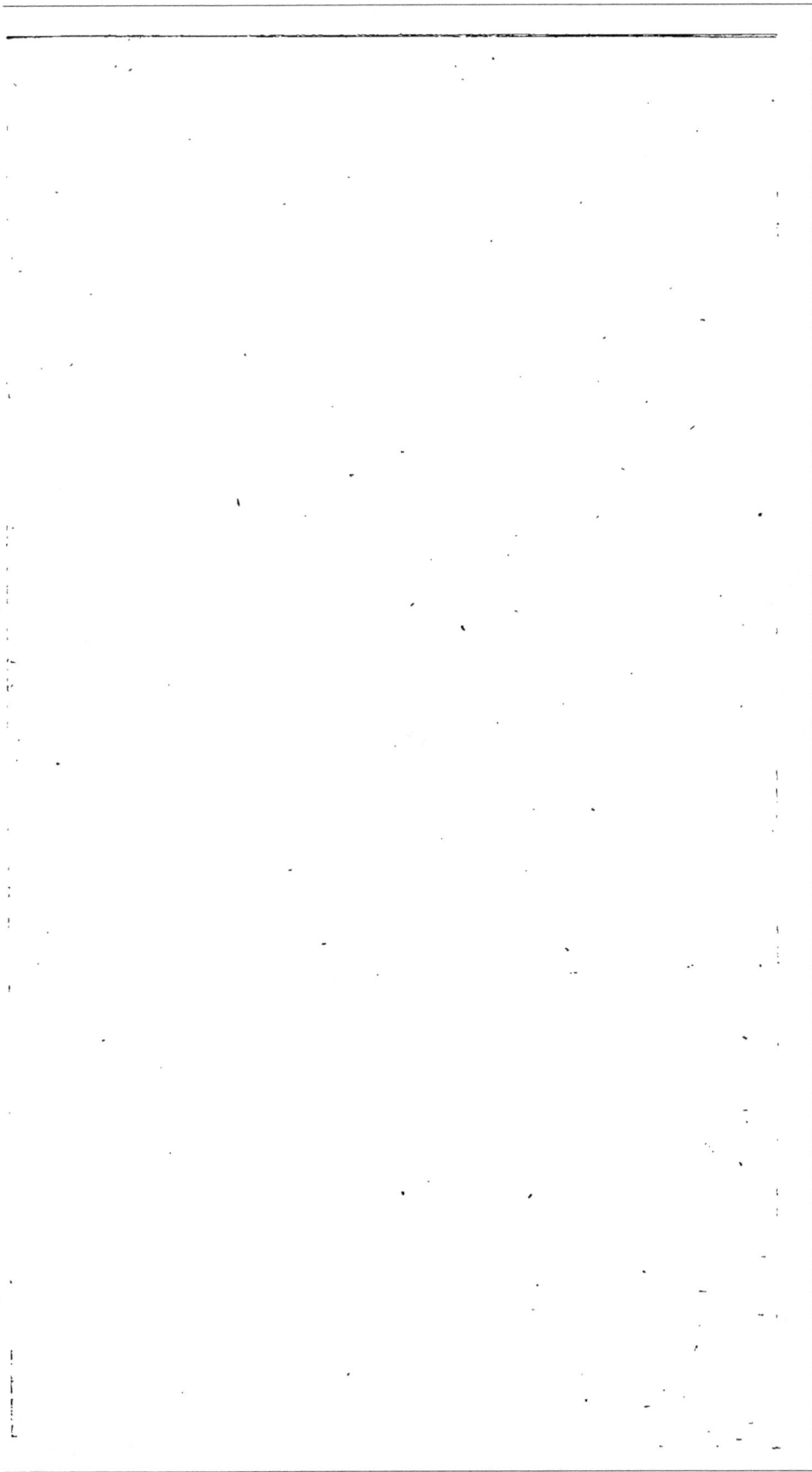

HISTOIRE

DU

PONT SUR LE RHONE,

A AVIGNON.

INPRIMERIE DE H. FOURNIER,
RUE DE SEINE, N° 14

HISTOIRE

DU

PONT SUR LE RHONE,

A AVIGNON;

EXTRAITE D'UNE NOTE SUR LES ŒUVRES DE M. LE VICOMTE
DE CHATEAUBRIAND.

PAR M. LE MARQUIS DE FORTIA.

(GÉNIE DU CHRISTIANISME, t. VI, p. 197.)

PARIS,

H. FOURNIER Jᵉ, LIBRAIRE,

RUE DE SEINE, Nᵒ 14;

FAYOLLE, LIBRAIRE,

RUE DU REMPART SAINT-HONORÉ.

M DCCC XXX.

HISTOIRE

DU

PONT SUR LE RHONE,

A AVIGNON.

§. 1. *Histoire du pont sur le Rhône, à Avignon, avant l'arrivée des papes dans cette ville.*

Le Rhône (on écrivait autrefois *Rhosne*), s'appelait en latin *Rhodanus*. C'est l'un des quatre principaux fleuves de la France. On a dit que son nom était purement gaulois [1]. Un Bas-Breton observe que ce nom vient de ce qu'il nomme le celtique *Rhôdan*, tourner comme une roue [2]. Ce mot manque à la vérité dans le dictionnaire cependant très-volumineux de Bullet. On y

---

1. *Encyclopédie;* Neufchastel, 1765, tome XIV, page 260, art. *Rhône*, par le chevalier de Jaucourt.

2. *Dissertation sur les Brigantes,* 1761, page 76.

trouve seulement sa racine *Rhôd*, avec la signification de roue [1], et cela suffit pour un étymolo-
giste, d'autant plus que le dictionnaire français-
breton, appelé improprement le dictionnaire
français-celtique par Rostrenen, traduit aussi le
nom français roue, par le mot *rod* [2]. Il paraît
que ce son, qui peint véritablement l'action
d'une roue, a eu cette signification dans la plu-
part des langues anciennes et modernes, et l'on
ne peut disconvenir qu'il ne soit propre à ex-
primer le cours d'un fleuve rapide. Mais cette
étymologie, parce que sa racine appartient ef-
fectivement à toutes les langues, n'en rappelle
exclusivement aucune.

L'erreur que je viens de signaler dans Rostrenen me paraît devoir être relevée ici parce
qu'elle a été celle d'un grand nombre d'auteurs,
même très-modernes. Cette digression, que je
m'efforcerai d'abréger, tient essentiellement à
l'histoire de notre pays, dont M. le vicomte de
Châteaubriand s'est aussi occupé, ainsi qu'on le
verra dans la suite.

---

1. *Mémoires sur la langue celtique*, par Bullet. Besançon,
1754, tome III, page 311.

2. *Dictionnaire français-celtique*; Rennes, 1732, page 831,
article *roue*.

Distinction de la langue celtique et de la langue gauloise.

Le pays que nous appelons aujourd'hui la FRANCE, du nom des Francs qui l'ont subjugué dans le cinquième siècle de notre ère, était autrefois connu sous celui de Gaule, et les peuples qui l'habitaient étaient appelés Gaulois : elle était bornée au nord par l'Océan britannique, qui la séparait de l'île de la Grande-Bretagne ; à l'orient par le Rhin, la grande Germanie, la Rhétie et une partie des Alpes avec l'Italie ; au midi par la mer Méditerranée, les Pyrénées et l'Espagne ; elle était baignée à l'occident par l'Océan occidental.

Jules César n'a pas distingué les Celtes des Gaulois, lorsqu'il décrit la Gaule en ces termes [1] :

« Toute la Gaule est divisée en trois parties, « dont l'une est habitée par les Belges, l'autre « par les Aquitains, la troisième par ceux que « nous appelons Gaulois, et qui, dans leur « langue, se nomment Celtes. Ces nations dif- « fèrent entre elles par le langage, les mœurs et

---

[1] Julius Cæsar, *de Bello Gallico*, tome I, page 1.

« les lois. Les Gaulois sont séparés des Aqui-
« tains par la Garonne, des Belges par la Marne
« et la Seine. Les Belges sont les plus braves
« de tous ces peuples ; étrangers aux mœurs
« élégantes et à la civilisation de la province
« romaine, ils ne reçoivent point du commerce
« extérieur ces produits du luxe qui contribuent
« à énerver le courage : d'ailleurs voisins des
« peuples de la Germanie qui habitent au-delà
« du Rhin, ils sont continuellement en guerre
« avec eux. Par la même raison, les Helvétiens
« surpassent en valeur le reste des Gaulois; ils
« luttent chaque jour avec les Germains pour les
« repousser, ou pour pénétrer eux-mêmes sur
« leur territoire. La partie habitée par les Gau-
« lois commence au Rhône, et a pour limites la
« Garonne, l'Océan et le pays des Belges; elle
« va aussi jusqu'au Rhin du côté des Helvétiens
« et des Séquanais; elle est située au nord. Le
« pays des Belges commence à l'extrême fron-
« tière de la Gaule, et est borné par la partie
« inférieure du cours du Rhin ; sa position est
« au nord-est. L'Aquitaine est bornée par la Ga-
« ronne, les Pyrénées et l'Océan, qui baigne
« aussi les côtes d'Espagne; elle est située au
« nord-ouest relativement à l'Italie. »

On observera que dans cette division de toute la Gaule, César ne comprend pas le pays des Allobroges, ni la Gaule narbonnaise qui, de son temps, fesait partie de la province romaine ; mais il y comprend les Suisses, appelés alors Helvétiens ; ce qui, de ce côté-là, donnait à la Gaule le Rhin pour limite [1]. On observera aussi qu'il désigne par le nom de Séquanais ou Séquaniens, ce que nous avons appelé depuis la Franche-Comté.

Diodore de Sicile s'est cru mieux instruit que Jules César, en distinguant les Celtes des Gaulois. « Il est bon, » dit-il, « de rapporter ici « quelques circonstances inconnues à un grand « nombre de personnes. On appelle *Celtes* les « peuples qui habitent au-dessus de Marseille, « entre les Alpes et les Pyrénées. Mais ceux qui « demeurent au nord de la Celtique, le long de « l'Océan et de la forêt Hercinie jusqu'aux con- « fins et au midi de la Scythie, sont appelés *Ga- « lates*. Cependant les Romains donnent indiffé- « remment ce nom et aux vrais Galates et aux

1. Le Rhin est un grand fleuve formé de trois affluens qui descendent des glaciers du Saint-Gothard et autres montagnes ; il traverse le lac de Constance, et sépare l'Allemagne de la Suisse et de la France.

« Celtes. Parmi ces premiers, les femmes ne
« cèdent en rien à leurs maris, du côté de la
« force et de la taille. Les enfants, à leur nais-
« sance, sont très-blonds ; mais ils deviennent
« aussi roux que leurs pères à mesure qu'ils
« avancent en âge [1]. »

On voit que les Aquitains, la Gaule narbonnaise et la province de César composent les Celtes
de Diodore, tandis que les Gaulois ou Celtes du
premier, joints à ses Belges, sont les Galates de
l'historien grec, qui leur donne des cheveux
blonds. Cette circonstance prouve que l'on a eu
quelque raison de faire dériver leur nom du mot
grec *gala*, qui signifie lait, leur peau étant très-
blanche.

On observera que selon César, qui, ayant séjourné neuf ans dans les Gaules, devait bien les
connaître, les Aquitains, les Gaulois et les Belges
parlaient des langues différentes. En effet, le
basque, le bas-breton et le hollandais sont encore aujourd'hui trois langues différentes. On
peut y ajouter le provençal et le picard, distin-
gués par ces noms de la langue d'*oc* et de la
langue d'*oil*. Ceux qui ont prétendu qu'il y

---

1. Diodori *Biblioth. hist.*, v. 32, édit. de Wesseling,

avait eu dans la Gaule une langue primitive [1],
sont obligés de la créer pour en faire dériver ces
trois dialectes, en remontant plusieurs siècles
avant Jules-César ; et qu'est-ce qu'une langue
qui n'a point de monuments écrits, et qu'il faut
puiser dans son imagination ?

Un auteur plus moderne a senti cette difficulté. Il admet dans les Gaules trois langues
primitives qu'il appelle trois idiomes originaux [2],
le basque, le kymraig ou kymric et le gaëlic ou
gallic. Le kymric est ce que nous connaissons
sous le nom de bas-breton, et le gallic est l'ir-
landais. Il fonde sur ces trois langues l'existence
de trois peuples primitifs, et ne dit rien des mo-
difications qu'ont dû faire subir à ces idiomes,
les Phéniciens, les Grecs et les Romains, jugeant
peut-être ces trois peuples comme postérieurs
aux autres. Il faut une grande indulgence pour
admettre toutes ces assertions. Le mélange du
provençal, du grec et du latin à Marseille est
prouvé par Varron, qui dit que les habitants de
cette ville avaient trois langues, parce qu'ils par-

1. Guillaume Marcel, *Histoire de la Monarchie française.*
Paris, 1686, tome I, page II.

2. *Histoire des Gaulois,* par Amédée Thierry. Paris, 1818,
tome I, page XIV.

laient le grec, le latin et le gaulois. *Hos Varro trilingues esse dicit, quòd et græcè loquantur, et latinè et gallicè* [1]. Les Carthaginois eux-mêmes avaient corrompu la langue phénicienne en la mêlant avec le langage des Africains. Plaute les appelle *biscalcilinguæ*, et souvent ailleurs *bilingues*, parce qu'ils parlaient ainsi deux langues, celle des Tyriens et celle des Libyens.

Sans doute on ne peut pas douter qu'il n'y ait des langues autochthones, et que chaque pays n'ait eu son langage particulier. Nous n'avons pas découvert une île sauvage dont les habitants n'eussent des noms pour les choses, et ceux-là ne doivent leur vocabulaire ni à l'Égyptien Thot, ni au Phénicien Cadmus, ni à l'Hercules grec. Ils ont des instituteurs plus modernes. Chez les peuples amalgamés comme le nôtre, la langue primitive s'est compliquée tous les jours d'acquisitions hétérogènes. C'est une langue de synthèse, bigarrée d'hébraïsmes ou de phénicien comme le pense Guichard; d'hellénismes comme le prouvent Étienne et Frippault; de latinismes évidents, de celticismes démontrés; il faudrait

---

1. Isidori *Originum*, lib. XV, cap. 1.

dépouiller par l'analyse cette langue synthé-
tique de tout ce qui lui est étranger, pour re-
trouver une langue primitive, si elle a existé.
Cette langue ne serait plus qu'un patois.

Aussi M. Fallot vient-il de publier des re--
cherches sur le patois de Franche-Comté, de Lor-
raine et d'Alsace [1], où il donne un système tout
entier. « C'est, » dit-il, « le patois de nos pro-
« vinces séquanaises, préexistant chez les Gau-
« lois à la conquête des Romains, qui est la
« véritable langue gallicane, tout-à-fait diffé-
« rente de la langue celtique. C'est ce patois
« que parlaient les anciens peuples de l'Italie,
« et qui, conjointement avec la langue teuto-
« nique, a donné naissance à la langue latine,
« et par suite à la langue française. »

Don Félix d'Azara [2], après avoir séjourné
vingt ans dans l'Amérique méridionale, en qua-
lité de commissaire des limites espagnoles dans
le Paraguai, y a compté trente-cinq langages
différents. Il croit pouvoir présumer, sans exa-
gération, qu'il y a bien encore six autres langues
pour les nations qui sont à l'ouest des Pampas,

1. Voyez l'Universel des 14 et 21 février 1829.
2. Voyez la traduction de ses Voyages par M. C. A. Walke-
naër. Paris, 1809.

autant parmi celles du sud, et huit parmi les anciens Indiens de la province de Chiquitos. Cela fait en tout cinquante-cinq idiomes très-différents ; et, sous ce rapport, ce n'est pas, selon lui, une supposition outrée, de croire que dans toute l'Amérique il y avait mille langues, c'est-à-dire peut-être plus que dans toute l'Europe et dans toute l'Asie.

Moins un pays est civilisé, plus on y trouvera d'idiomes différents. Pour former une langue, il faut une grande nation civilisée, et c'est peut-être une absurdité que de chercher une langue primitive chez un peuple encore sauvage. Plus la langue française s'étend et se perfectionne par la célérité et le grand nombre des communications, plus nos patois, autrefois en si grand nombre, s'effacent et s'anéantissent.

Fondation de la ville de Rhodé, et suite de l'histoire du Rhône jusqu'à saint Bénézet.

Les Grecs appelaient le Rhône *Rhodanos*, et cette forme est évidemment grecque. L'opinion du célèbre naturaliste Pline est en effet que son étymologie est grecque, lorsqu'il dit [1] : « En

---

1. *Historia naturalis*, lib. 11, cap. v.

« cet endroit, c'est-à-dire auprès du pays des
« Volces Tectosages, fut Rhoda, qui donna son
« nom au Rhône, le fleuve le plus fertile des
« Gaules. » *Agatha quondàm Massiliensium,
et regio Volcarum Tectosagum : atque ubi
Rhoda Rhodiorum fuit, undè dictus multò Gal-
liarum fertilissimus Rhodanus amnis.*

Charmés par la douceur du climat du Languedoc, dit un historien moderne de la ville de
Lyon [1], quelques Rhodiens abandonnèrent pour
toujours l'île de Rhodes, leur patrie, pour venir
fonder une colonie près des embouchures du
Rhône. Ils y bâtirent la ville de *Rhoda* ou
Rhodé, qu'Étienne de Bizance appelle *Rhodanusia.* C'est aujourd'hui Pécais situé sur la rive
droite du Rhône, à cinq quarts de lieue est-
sud-est d'Aigues-Mortes, et autant de la Méditer-
rannée. Telle est du moins l'opinion du Père
de Colonia, et on la combattrait mal en disant
qu'on ne trouve à Pécais que des Salines,
presque sans maisons et sans habitants, en sorte
qu'il n'y a pas même une commune. Le passage

1. *Histoire littéraire de la ville de Lyon*, par le Père de Colonia. Lyon, 1728, tome I, page 15. Il cite Lacarry, *Historia
coloniarum ;* et Briet, *Gallia antiqua.* Voyez M. Ménard, dans
les Mémoires de l'Académie des Inscriptions, tome XXVII,
page 120.

de Pline que je viens de citer, et le mot *fuit* qu'il emploie, font voir que cette ancienne ville était déjà ruinée du temps de Pline; il y a un Fort pour la défense du lieu et de ses dix-sept salines [1]. Dalechamp, en latin *Dalecampius*, prétend que Rhoda avait été bâtie au lieu dit aujourd'hui *Foce de Rhône* [2], c'est-à-dire Foz, dans le département des Bouches-du-Rhône. Je serais porté à préférer Pécais dont les salines durent attirer un peuple qui en connaissait tout le prix [3]. D'ailleurs Pécais est situé dans le département du Gard, qui fesait partie des *Volcæ Tectosages* où Pline semble les placer. Étienne de Bizance dit qu'elle appartenait aux Marseillais; mais c'était dans des temps postérieurs, et Pécais est peu éloignée de Marseille. Elle est à six lieues de Nîmes et autant d'Arles.

Quelques commentateurs ont cru qu'il est question ici de la ville de Roses, dans l'Espagne Tarraconaise, et aujourd'hui dans la Catalogne, Rhoda ou Rhodæ des latins, Rhodope de Stra-

---

1. Dictionnaire d'Expilly et Dictionnaire de La Martinière, article *Peccais*.

2. *Histoire naturelle de Pline*, traduite en français. Paris, 1771, tome II, page 64, note du traducteur.

3. *Mémoires pour servir à l'histoire ancienne du globe*; t. I, Histoire des Saliens.

bon, et Rhodipolis de Ptolémée. Mais quel rapport cette ville étrangère à la Gaule peut-elle
avoir avec un lieu situé à l'embouchure du
Rhône?

Le traducteur moderne de Pline [1] trouve pro-
bable que la ville ici mentionnée est la Ρόη de
Strabon, jointe par lui à la ville d'Agde, Ἀγαθὴ [2]
dans les anciennes éditions. Mais Casaubon cor-
rige Rhodê et Agatha, et cette correction est
adoptée dans la traduction française. Pline distingue en effet ces deux villes, et Strabon lui-
même [3] nomme plus bas la ville d'Agatha sans
addition, qu'il dit fondée par les Marseillais et
située sur le Rauraris, c'est-à-dire l'Hérault, où
elle est encore aujourd'hui. Strabon se trompe
seulement en disant que Rhodê a été aussi fondée par les Marseillais, tandis que Pline dit
qu'elle a été bâtie par les Rhodiens, ainsi que
l'indique son nom. Marcien d'Héraclée distingue
aussi la ville d'Agde de celle de Rhodanusia que
Sidoine Apollinaire a cru être Lyon [4]. D'autres
l'ont placée à Saint-Gilles d'après une inscrip-

1. Paris, Panckoucke, 1829, tome III, page 125.

2. Strabon, éd. de Casaubon, page 180, livre IV.

3. *Id.*, page 182.

4. Voyez la note d'Étienne de Byzance, dans l'édition d'Ams-
terdam, 1678, page 572.

tion supposée [1]. Saint-Gilles est beaucoup plus
loin de la mer que Pécais, dont elle est à quatre
lieues et demi au nord-est, c'est-à-dire à plus de
six lieues de la mer.

Quel qu'ait été le lieu précis où les Rhodiens
s'arrêtèrent et où ils fondèrent leur ville de
Rhôda, il paraît que ce furent eux qui après
avoir donné leur nom à cette nouvelle ville,
l'imposèrent aussi au fleuve sur lequel ils la bâtirent. Telle est la véritable étymologie du nom
grec *Rhodanos* duquel dérive évidemment le latin *Rhodanus;* et Pline, qui nous l'a conservée,
a mieux connu la Gaule que Strabon, et mérite
plus de confiance que les modernes qui ont voulu
puiser ce nom dans des langues qu'ils ne con-
naissaient que bien imparfaitement. Ainsi l'on
peut regarder comme de simples allusions, in-
génieuses si l'on veut, mais faites après coup,
ces étymologies que Munster dans sa Cosmogra-
phie, et le savant Bochart dans son Phaleg [2],
sont allés chercher, l'un dans le verbe latin
rodo, je ronge, et l'autre dans l'ancienne langue
celtique, ou dans la phénicienne, d'où l'on as-

1. *Histoire générale du Languedoc,* par deux religieux Bénédictins. Paris, 1730, tome I, page 60. Voyez la note 46 de cet
ouvrage.

2. Livre III, chapitre VI.

sure que le celtique avait tiré son origine [1], mais sans aucun fondement. La langue phénicienne détruisit au contraire la langue celtique ou pélasgique dans la Grèce.

Le Père de Colonia place cette colonie vers l'an 392 avant l'ère chrétienne [2]; mais il n'en donne aucune preuve, et la conquête des Rhodiens doit naturellement être placée avant celle des Phocéens, c'est-à-dire lorsque Homère florissait, pendant les vingt-trois ans qu'ils dominèrent sur la mer [3]. C'est ce que nous apprend Diodore de Sicile, cité par le Syncelle.

Le Rhône a sa source dans la montagne de la Fourche, qui est à l'extrémité orientale du Valais, et le sépare du canton d'Uri. Il coule d'abord dans un pays étroit parmi des rochers, et partage le pays de Valais en long. Il passe par Sion, capitale de ce pays, et par Saint-Maurice; après quoi, courant au nord-ouest entre la Suisse et le reste du Valais, il entre dans le lac de Ge-

1. *Histoire littéraire de la ville de Lyon.* Lyon, 1728, tom. I, page 15.

2. J'ai discuté cette époque d'après lui dans les *Antiquités de Vaucluse.* Paris, 1808, page 25.

3. *Georgii Syncelli Chronographia; Parisiis,* 1650, p. 180. Voyez le *Tableau historique et géographique du monde.* Paris, 1810, tome IV, page 215.

nève, qu'il traverse dans toute sa longueur d'o-
rient en occident, l'espace de douze lieues, en
se mêlant avec les eaux de ce lac [1].

C'est delà qu'il vient à Lyon et à Avignon où
son lit rétréci entre le rocher de cette ville et
celui de Saint-André de Villeneuve, est nécessairement fixé en cet endroit de manière à inviter
en quelque sorte d'y placer un pont. Ce ne fut
que dans le douzième siècle de notre ère, que
la ville d'Avignon fut assez riche et assez puissante pour le faire construire ; mais elle n'y
épargna rien. Il avait vingt-deux arches un peu
plus grandes que celles du Pont-Saint-Esprit :
il avait de plus trois autres arches qui en joi-
gnaient les deux parties, une île en occupant le
milieu. Sa largeur était de plus de cinq pas,
c'est-à-dire de plus de huit mètres, et sa longueur
d'environ douze cents pas ou dix-neuf cent qua-
rante-neuf mètres. Il n'était pas construit en ligne
directe ; divers angles ou inflexions le rendaient
en quelque sorte tortu, et lui donnaient la
forme d'une tranchée. Au milieu, il se portait

1. *Encyclopédie.* Neufchastel, 1765, tome XIV, page 260,
article *Rhône*, où l'on verra la suite du cours de ce fleuve. Il
ne faut pas négliger de consulter le Supplément. Voyez surtout
le *Voyage pittoresque du Rhône*, par Boissel. Paris, an III.

en avant pour recevoir le cours des eaux avec un éperon qui formait une espèce de coin [1].

Le corps de celui qui l'avait fait bâtir en 1177[2], était conservé dans une chapelle particulière. Il s'appelait Bénézet; c'était un berger de profession, dont le nom était très-connu à Avignon et dans les environs. Il y avait des fonds considérables affectés à l'entretien de ce magnifique ouvrage [3] dont les réparations étaient faites par la ville même qui avait payé la construction.

On n'éleva point alors de difficulté sur le propriétaire véritable des eaux du Rhône, seul autorisé à faire la construction d'un pont. On supposa sans doute que la ville, propriétaire des deux rives, l'était aussi du lit du fleuve, et ce principe, qui n'est pas contesté aujourd'hui pour les rivières non navigables, ne l'était vraisemblablement alors par personne.

« Nos rois, » dit à ce sujet un auteur éclairé et instruit, « ont de temps immémorial la pro-« priété et la souveraineté du fleuve du Rhône,

1. *Istoria della città d'Avignone*, dal Fantoni. In Venetia, 1678, tome I, page 18 et 19; lib. i, cap. iii, num. 4.

2. Expilly dit 1127; mais c'est une faute : Bénézet n'était pas encore né alors.

3. *Dictionnaire géographique de la France*, par Expilly. Paris, 1762, tome I, page 341, article *Avignon*.

« d'un bord à l'autre , tant dans son ancien
« que nouveau lit, par tout son cours, ainsi
« que des îles, îlots, créments et atterrissements
« qui s'y forment, et qui font partie de la pro-
« vince de Languedoc........ » Ce droit de nos
rois sur le Rhône, était, ajoute-t-on, presque
aussi ancien que la monarchie , et on le fondait
sur le plus ancien principe qu'il y ait au monde,
touchant la propriété des choses, qui est celui
que les jurisconsultes appellent *prima occu-*
patio rerum, la première occupation [1]. Mais la
difficulté était de constater cette première occupation, et de savoir à qui avait été transmis le
droit de premier occupant. Il est très-probable
que cette question fut regardée alors comme oi-
seuse et ne tomba dans l'esprit de personne.

Il n'est pas douteux en effet, que la ville d'A-
vignon ne fût alors propriétaire des deux bords
du Rhône. Dès l'an 1134, elle avait secoué le
joug des comtes de Toulouse et de Provence ;
elle avait donné l'exemple aux villes de Marseille et d'Arles, de secouer tout joug étranger,
et de se gouverner en république, qu'on nomma
république à l'impériale [2]. C'est alors que se firent

---

1. *Dictionnaire géographique de la France,* par Expilly.
Paris, 1762, tome I, page 347, article *Avignon.*

2. *Mémoires de l'Athénée de Vaucluse.* Avignon, 1804;

sentir les avantages d'une administration indépendante et municipale. Quand le commerce fleurit
dans une province, tout change de face, la popula-
tion augmente, les villes s'embellissent, les che-
mins sont rendus plus praticables, et les ponts
se multiplient sur les rivières. Celui d'Avignon
est un des monuments les plus remarquables du
douzième siècle [1]. Il fut l'ouvrage d'un jeune
berger et d'une société. L'établissement de cette
espèce de sociétés remonte aux temps les plus
reculés, et M. Calvet, savant médecin d'Avignon,
nous a donné une dissertation curieuse sur une
compagnie d'utriculaires établie à Cavaillon sous
les Romains pour le passage de la Durance, compagnie de laquelle il nous reste plusieurs inscriptions anciennes qui en constatent l'existence [2].
Je me contente d'indiquer ici ce sujet intéressant. Voyons avec un peu plus de détail ce
qu'était saint Bénézet et ceux qu'il s'associa.

page 199. L'auteur cite le concile de Mante en Dauphiné, où
Boson fut déclaré roi de Provence en 879. Ruffi, *Histoire de
Provence*, archives du roi à Aix, sac 3e.

1. *Histoire générale de Provence* (par Papon). Paris, 1778,
tome II, page 259.

2. Dissertation sur un monument singulier des utriculaires
de Cavaillon, où l'on éclaircit un point intéressant de la navigation des Anciens. Vie d'Esprit Calvet. Avignon, 1825,
page 70.

De saint Bénézet, et de ses frères Pontifes d'Avignon.

Saint Bénézet était un berger d'Alvilard dans le Vivarais, où il naquit en 1165. Il se dit inspiré de Dieu à l'âge de douze ans pour bâtir un pont en pierres de taille à Avignon. Cet ouvrage qu'un souverain aurait de la peine à construire aujourd'hui, fut commencé en 1177 par un simple berger, et achevé en onze années. Il paraît en effet que le saint architecte le conduisit, du moins en partie. Il mourut à dix-neuf ans en 1184, et fut enseveli dans une chapelle pratiquée sur un des éperons du pont qu'il avait construit [1]. En 1177, Louis de Sade était préfet ou gouverneur d'Avignon. Ces magistrats avaient l'intendance de la police et l'inspection des édifices publics, et l'écusson de la maison de Sade, que l'on voit encore sur la première arche de ce fameux pont, semble une preuve de l'existence de Louis de Sade, le premier qui soit connu de

---

1. *Nouveau Dictionnaire historique*, par Chaudon et Delandine. Lyon, 1804, tome II, pages 206 et 207. Il ne donne que dix-neuf arches au pont, et l'*Histoire générale de Provence* n'en compte même que dix-huit. Mais l'on a vu que Fantoni, qui écrivait sur les lieux dès l'an 1678, en compte vingt-cinq'.

cette famille, et de la charge dont il était revêtu
en 1177 [1].

Il ne faut pas croire que le jeune berger fût
le seul qui s'intéressât à la construction du pont
d'Avignon qui ne fut achevé qu'en 1188, quatre
ans après sa mort. Il paraît qu'il se forma dans
cette ville une société de Frères Pontifes ou fai-
seurs de ponts, qui concourut avec lui à ce grand
ouvrage, et qui le termina. Cette espèce de con-
frérie était riche et puissante. Les recteurs qui
la gouvernaient avaient sans doute la disposition
des revenus consacrés à l'entretien du pont. L'é-
tablissement de cette communauté était placé
du côté de la ville. Les religieux étaient chargés
de recevoir les pèlerins, de veiller à la conser-
vation du pont, et d'en construire d'autres. C'est
de là que leur vint le nom de Frères Pontifes.
Divers seigneurs, et surtout les comtes de Toulouse, comblèrent ces religieux de bienfaits, et
les prirent sous leur protection [2].

Peut-être étaient-ils chargés de la construction et de l'entretien du pont de Sorgues construit
sur une rivière qui sort de la fontaine de Vaucluse, et qu'il faut traverser pour aller d'Avi-

1. *Histoire de la noblesse du comté Venaissin.* Paris, 1750,
tome III, page 161.

2. *Histoire générale de Provence,* tome II, p. 260.

gnon à Orange. Son existence dès l'an 1212
est constatée par une transaction qui fut si-
gnée le 6 des ides d'avril de cette année, et
qui termina une contestation relative à ce pont;
on voit figurer dans cette transaction huit consuls et un juge pour la ville d'Avignon [1].

La propriété du pont sur le Rhône exigeait
nécessairement la possession des deux bords du
fleuve. Le comte de Toulouse, dans les États duquel conduisait le pont d'Avignon, pouvait élever quelque prétention au sujet de la rive du
Languedoc; mais dès le mois de juillet 1212,
lorsque la ville d'Avignon se regardait encore
comme indépendante, Raimond, fils du comte de
Toulouse, lui donna le château de Saint-André [2],
de l'autre côté du Rhône, en sorte que les deux
rives de ce fleuve, que déjà elle possédait sans
doute lorsque le saint pasteur Bénézet fit sa sub-
lime entreprise, lui appartinrent bientôt après
sans contestation et par un titre écrit.

Quand le roi de France fut parti pour la
croisade, en août 1248, le comte de Toulouse se
proposait de le suivre bientôt; mais certaines
circonstances l'ayant engagé à renvoyer son em-

1. *Mémoires pour servir à l'histoire des propriétés territo-
riales dans le département de Vaucluse.* Paris, 1808, p. 99.
2. *Id. ibid.*

barquement à l'année suivante, ce voyage lui devint impossible : il fut atteint d'une maladie dont il mourut le 27 septembre 1249, après avoir nommé pour héritière universelle, sa fille Jeanne, épouse d'Alfonse, comte de Poitiers, frère du roi de France.

A cette époque, Alfonse et son épouse n'étaient point en France ; il y avait environ deux mois qu'ils étaient partis pour la Terre-Sainte. Cette circonstance engagea la reine Blanche, régente du royaume, à faire prendre possession, en leur nom, des États ci-devant possédés par le comte de Toulouse : elle en donna la commission à Guy et Henri de Chevreuse, et à Philippe, trésorier de saint-Hilaire de Poitiers, par lettres patentes expédiées à Paris, sous la date du mois d'octobre 1249 [1].

La Provence était alors gouvernée par Charles d'Anjou, autre frère de saint Louis qui était aussi à la croisade. En son absence, les habitants de la ville d'Arles eurent de violentes contestations avec leur archevêque qui fut obligé de se retirer à Nîmes, cette même année 1249.

Sa retraite calma les citoyens sans assurer

1. *Notes historiques concernant les recteurs du comté Venaissin*, par Charles Cottier. Carpentras, 1806, p. 13.

leur liberté. Il laissait après lui cet esprit d'intrigue et de faction qui annonçait une révolution prochaine. Barral de Baux fut élu podestat
de la ville d'Arles, l'an 1250, en même temps
qu'il l'était d'Avignon. Ce seigneur avait de
grands titres, peu de revenus et beaucoup d'am-
bition; c'est dire assez que sa fidélité aux devoirs
d'un bon citoyen n'était point inébranlable.
D'ailleurs il avait donné des sujets de plainte à
la maison de France, et il voulait les faire ou-
blier. Il promit secrètement à la reine Blanche
de faire tous ses efforts pour engager les habitants d'Arles et d'Avignon à se mettre les uns,
sous l'obéissance de Charles d'Anjou, comte de
Provence; et les autres sous celle d'Alfonse de
Poitiers, comte de Toulouse; à condition pour-
tant qu'après leur mort ces villes reprendraient
l'ancienne forme de leur gouvernement. Toutes
les ressources de l'intrigue furent employées
pour réussir. L'archevêque d'Arles, qui était à
Nîmes, et le chapitre, entrèrent aussi dans les
vues du comte, et la ville se rendit le 30 avril
1251, en conservant des privilèges que ce prince
lui aurait accordés comme une récompense de
sa soumission, s'il ne les avait regardés comme
une propriété. Sept jours après, la ville d'Avignon subit le même sort et eut les mêmes avan-

tages. Elle se mit sous l'obéissance de Charles et d'Alfonse son frère, parce qu'ils avaient un droit égal sur elle [1].

Elle avait député aux deux princes neuf citoyens dont les premiers étaient tirés du corps de la noblesse, pour traiter avec eux des conditions auxquelles ils se soumettraient. C'étaient *Berengarius Raymundi* [2], *Guillelmus Cavalerii*, *Bermundus Mille-Solidos*, *Guillelmus Arnuldus*, *Bertrandus Berengarius*, etc. Le traité fut passé au commencement de mai 1251 ; il contenait les articles suivants, savoir : 1° qu'Alfonse et Charles auraient la haute et moyenne justice, sauf les privilèges et les coutumes des habitants; 2° qu'ils établiraient un viguier commun dans cette ville, pour y rendre la justice en leur nom, avec deux juges ou assesseurs qu'ils changeraient tous les ans, et que ces officiers seraient étrangers; 3° que les Avignonais seraient exempts de tailles et de péages; 4° que les affaires seraient jugées dans Avignon, et qu'on ne pourrait appeler que de celles où il s'agirait d'une somme au-dessus de cinquante sous; 5° que les habitants

1. *Histoire générale de Provence*. Paris, 1768, t. I, p. 333.
2. Ce Bérenger de Raimond était frère d'Isnard de Raimond, de qui descendent MM. les comtes de Modène, dont la généalogie a été plusieurs fois imprimée.

d'Avignon pourraient servir leurs amis à la
guerre, excepté contre les princes, leurs seigneurs.

Ces privilèges étaient fondés sur d'anciens
droits, que la ville n'avait point obtenus des
comtes. Les coutumes des habitants, par exemple,
avaient pour base leurs statuts municipaux, et
il n'y avait que des habitants libres qui eussent
droit de faire des statuts. Il en est de même du
droit de faire la guerre pour la défense des alliés.
Les deux comtes le respectèrent, parce qu'ils le
trouvèrent fondé sur l'usage où avaient toujours
été en Provence les villes libres de défendre par
la force des armes leurs prérogatives, qu'elles ne
tenaient point de la concession des souverains [1].

Bien loin d'acquérir de nouveaux droits, la
soumission des Avignonais leur fit perdre leur in-
dépendance ; mais les Frères Pontifes n'en continuèrent pas moins leurs fonctions. Le pont du
Saint-Esprit est un monument de leurs travaux.
La charte par laquelle il fut convenu de le bâtir
est du 21 août 1265. Il y est dit que ce jour-là
les religieux qui le construisirent posèrent la

---

1. *Histoire générale de Provence*, par Papon. Paris, 1784,
tome III, p. 538 et 53g.

première pierre. On appelait alors la ville du Saint-Esprit, Saint-Saturnin-du-Port [1].

Alfonse de Poitiers ayant tenté une nouvelle croisade à la suite de son frère saint Louis, ces deux princes y perdirent la vie. Alfonse y mourut à Savone le vendredi 21 août 1271, âgé de cinquante et un ans, sans laisser de postérité de Jeanne de Toulouse, son épouse, qui mourut le mardi suivant [2].

Philippe-le-Hardi, fils aîné de saint Louis, succéda sans obstacle à son père. Mais Charles d'Anjou, comme frère d'Alfonse de Poitiers, prétendait qu'il devait lui succéder dans les comtés de Poitou et d'Auvergne, et dans ses autres biens. Le roi de France appréciant comme il le devait une demande aussi peu fondée, s'empara de l'héritage d'Alfonse que le parlement de Paris lui confirma ensuite par arrêt du 2 novembre 1283. Il s'était aussi emparé, après la mort de Jeanne de Toulouse, des États de cette princesse, parmi lesquels se trouvait le comté Venaissin.

Cependant Jeanne étant le dernier rejeton de la maison de Toulouse, et ne laissant point d'en-

1. *Histoire générale de Provence*, t. II, p. 260.

2 L'*Art de vérifier les dates depuis Jésus-Christ*. Chron. des comtes de Toulouse.

fants, le comté Venaissin devait être réuni à la Provence, en vertu de la substitution insérée dans le traité de partage fait en 1125. D'ailleurs Jeanne venait tout récemment de le donner par son testament à Charles son beau-frère, et à ses enfants, nés de Béatrix, sœur de cette princesse. Mais ces considérations ne furent pas capables d'arrêter Philippe, parce que les lois n'ont point de force, lorsque les princes sont ou peu éclairés ou trop ambitieux.

§ 2. *Histoire du pont sur le Rhône à Avignon, depuis l'arrivée des papes dans cette ville, jusqu'à sa réunion à la France.*

L'histoire du pont d'Avignon est tellement liée à celle de cette ville, que les détails dans lesquels nous venons d'entrer, n'ont sans doute point paru étrangers à notre sujet. Il en sera de même de ce que nous allons dire pour expliquer comment la propriété de la ville d'Avignon s'est trouvée appartenir aux papes.

Le pays Venaissin ne fut pas long-temps au pouvoir du roi de France. La Cour romaine, qui l'avait eu en dépôt durant plusieurs années sous Raimond VII, comte de Toulouse, avait senti combien ce pays serait important pour elle, dans

le cas où les séditions si fréquentes à Rome, for-
ceraient le souverain pontife à venir chercher
un asile en France. Grégoire X venait d'être
élevé à la chaire de Saint-Pierre; il demanda au
roi la restitution du comté Venaissin. Quoique
les raisons qu'il alléguait ne soient pas venues
jusqu'à nous, il est à présumer que jetant à des-
sein un voile sur les moyens qui avaient mis ce
pays entre les mains des papes, et qui l'en avaient
ensuite arraché, il se fondait sur un article du
traité conclu à Paris en 1229, entre saint Louis
et Raimond VII. Par cet article, le comte cédait
au légat, acceptant au nom de l'Église, « les
« pays et domaines qu'il possédait sur la rive
« gauche du Rhône. » Peut-être aussi le pontife
fesait-il valoir les dépenses que le Saint-Siège
avait faites pour soutenir avec la Cour de France,
la guerre contre les Albigeois : et dans ce cas
il demandait la cession du comté Venaissin
comme un faible dédommagement de ces grandes
dépenses. Quoi qu'il en soit des motifs sur lesquels il fondait sa demande, Philippe-le-Hardi
différa près d'un an de la lui accorder, parce que
l'on prétend qu'il voulait donner à son frère
le duc d'Alençon, cette partie de la Provence.
On croyait que Charles d'Anjou, dont les
droits sur ce pays étaient incontestables, ne

2.

manquerait pas de les faire valoir. Mais le besoin qu'il avait de la protection du Pape pour
affermir et pour accroître sa puissance en Italie,
peut-être aussi un sentiment de reconnaissance
envers la Cour de Rome, à laquelle il était rede-
vable d'une couronne, enchaînèrent son ambi-
tion toujours prête à éclater, quand il se pré-
sentait quelque occasion de reculer les limites
de ses États. Le roi de France céda donc à Grégoire X le comté Venaissin en 1274, mais il se
réserva la moitié de la ville d'Avignon. L'autre
moitié continua d'appartenir à Charles d'Anjou,
comte de Provence [1], qui, à sa mort arrivée le
7 janvier 1285, transmit ses droits à son fils
unique Charles II [2].

En 1290, le roi de France, Philippe-le-Bel,
céda la partie d'Avignon qui lui appartenait à
Charles II [3], et le pape français Clément V vint
s'établir dans cette ville à la fin d'avril 1309.
Le cardinal Napoléon des Ursins se trouvant
dans l'antichambre du pape avec Nicolas de
Prato qui avait le plus contribué à son éléva-
tion, lui dit : « Vous êtes venu à bout de vos

1. *Histoire générale de Provence,* par l'abbé Papon. Paris,
1784, t. III, p. 53 et 54.
2. *Id.,* p. 82.
3. *Id.,* p. 91.

« desseins : nous voilà transportés au-delà des
« monts : ou je connais mal le caractère des
« Gascons, ou de long-temps on ne reverra
« le Saint-Siège à Rome ¹. »

Pendant les troubles qui avaient agité la
Provence sous le règne de Charles II, la ville
d'Avignon avait peut-être négligé ses grands
établissements. Le séjour des papes lui rendit
son ancien éclat. La peste de 1348, qui enleva le
tiers de ses habitants, et parmi eux la belle
Laure, si célèbre par les sonnets de Pétrarque,
suspendit ou détruisit en partie l'effet de cette
amélioration. Mais cette même année, le 12 juin
1348, Jeanne, reine de Naples et comtesse de
Provence, vendit Avignon au pape Clément VI,
pour le prix de quatre-vingt mille florins d'or. Les
Provençaux en murmurèrent ; Jeanne, étant encore mineure, avait promis avec serment de ne
faire aucune aliénation, et le comté de Provence
était grevé d'une substitution en faveur de Ma-
rie sa sœur cadette. Ils ne croyaient donc pas
qu'elle pût aliéner une partie de cette province
sans avoir le consentement du Conseil de régence.
Les historiens prétendent que les quatre-vingt

1. *Histoire générale de Provence,* par l'abbé Papon. Paris,
1784, t. III, p. 102.

mille florins ne furent jamais comptés : cependant la reine, dans son contrat de vente, assure les avoir réellement reçus ; et en effet on trouve une quittance en faveur de Nicolas Acciaioli qui rend compte de l'emploi qu'il avait fait de cette somme pour les besoins de l'État [1].

Le Pape voulant assurer sa possession et la rendre entièrement indépendante, se fit céder par Charles IV, comte de Luxembourg, les droits du royaume d'Arles sur Avignon, le 1er novembre de la même année. C'est du moins ce que l'on a prétendu. Mais Charles avait-il des titres suffisants à la suzeraineté de la Provence? Sans vouloir examiner de nouveau l'origine des droits que les empereurs s'arrogeaient sur le royaume d'Arles, il suffira de remarquer ici que l'empire appartenait à Louis de Bavière, lorsque Charles de Luxembourg fut élu empereur par cinq électeurs seulement, à la sollicitation du pape : les autres électeurs occupés à chercher quelqu'un qui voulût accepter la couronne, refusèrent constamment de le reconnaître jusqu'au 2 février 1349. Ainsi son élection n'étant point légitime, quelle sanction

1. *Histoire générale de Provence,* par l'abbé Papon. Paris, 1784, t. III, p. 182.

pouvait-il donner à l'acte que le Pape obtint de
lui, et dans lequel il n'est point fait mention de la
vente d'Avignon, que l'on a cru faussement
avoir été fabriquée par ce monarque [1]?

Cette vente n'en était pas moins réelle, et ne
fut point contestée alors par les rois de France.
Les papes regardant alors la ville d'Avignon
comme leur propriété, s'occupèrent à l'embellir.
Dès l'an 1349, Clément VI commença le réta-
blissement de ses murs, qu'il conduisit du rocher jusqu'à la porte du Rhône, et il fit refaire
quatre arches du pont, que la violence du courant avait renversées. On y a vu long-temps les
clefs de fer et les armes de Canillac, qui étaient
alors celles de sa famille [2].

En 1358, Innocent VI, successeur de Clément VI, fit encore de grandes réparations au
pont d'Avignon [3], et nos anciens rois, qui dès-
lors possédaient le Languedoc, n'y opposèrent
aucun obstacle, comme propriétaires de la rive
gauche du Rhône. Mais lorsque ensuite les papes

1. *Histoire générale de Provence*, par l'abbé Papon. Paris,
1784, t. III, p. 182, 183.

2. *Mémoire publié par le Lycée de Vaucluse sur les inondations de la ville d'Avignon*. Avignon, an x, p. 9.

3. *Mémoire statistique sur le département de Vaucluse*, par
Maxime Pazzis. Carpentras, 1808, p. 131.

s'absentèrent d'Avignon pour retourner à Rome, leur autorité s'affaiblit en France, et ce ne fut qu'alors que commencèrent les contestations sur la propriété du fleuve.

Cependant les Frères du pont subsistèrent encore long-temps, et dans un acte de 1469, où les consuls d'Avignon sont cités pour une cause majeure, on trouve cités immédiatement après ces premiers magistrats de la ville, nobles Thomas Busaffi, Antoine Vitice et Jacques de Néri, marchands, citoyens et habitants d'Avignon, et recteurs du pont de cette ville. Sans doute ils surveillaient les réparations du pont, puisque ce monument fut regardé comme étant de la plus grande beauté par le chancelier de l'Hôpital, mort en 1573, qui en parle ainsi :

Nil ponte superbius illo
Quem subtùs Rhodanus multis jàm labitur auctus
Flumínibus.

C'était alors une question de savoir s'il avait fallu plus de pierres à Avignon pour élever le palais apostolique qu'on y voit encore, pour construire les murs qui entourent la ville, ou pour former le pont. Mais dès le milieu du dix-septième siècle, ce pont était négligé ou même

écroulé en plusieurs endroits [1]. Son extrême longueur ne l'empêcha pas d'être emporté par la
violence des eaux, sans doute en 1669, par une
inondation fameuse, qui fut aussi l'époque à laquelle les officiers du roi en Languedoc vou-
lurent constater ce qu'ils croyaient être les droits
de leur souverain par une voie de fait. Le fleuve
s'étant débordé, ayant inondé la ville d'Avignon,
et emporté le pont [2], le maître des ports de Villeneuve, petite ville du Languedoc, située sur
l'autre rive, vint en bateau à Avignon, et y
planta, de son bateau, dans la rue de la *Fusterie*,
un poteau aux armes du roi, qu'il croyait devoir
rétablir et assurer la domination de Sa Majesté
dans la partie de la ville qui était inondée [3].

Mais ce maître des ports de Villeneuve, pour
en avoir trop fait, ne prouva rien. Il eût été véritablement absurde de convenir que le pape
était souverain d'Avignon, et de vouloir que la
souveraineté du roi de France s'étendît jusque
dans l'enceinte de la ville. Il ne résulte guère

1. *Istoria della città d'Avignone*, dal Fantoni. In Venezia,
1678, tome I, page 18 et 19, lib. 1, cap. III, n. 4.

2. *Mémoire statistique sur le département de Vaucluse*, par
Maxime Pazzis, Carpentras, 1808, p. 131.

3. *Dictionnaire de la France*, par Expilly. Paris, 1762, t. I,
p. 347, article *Avignon*.

de tout ce qui a été répété plusieurs fois par les jurisconsultes français en cette occasion, qu'une vérité historique extrêmement claire ; c'est qu'en 1669 le roi de France était plus fort que le pape [1].

La chapelle consacrée à saint Bénézet menaçant ruine, on transporta le corps de ce jeune berger, en 1674, dans l'église des Célestins, où il était exposé à la vénération publique. Il y fut placé dans une chapelle particulière. Quant au pont, il n'en resta que quatre arches entières du côté d'Avignon, plus nuisibles à la navigation du Rhône qu'elles n'étaient utiles au passage de ce fleuve. On ne savait pas, ou l'on ne voulait pas savoir ce qu'étaient devenus les fonds très-considérables [2] mis en réserve pour les réparations. Tout le monde sentait l'utilité du pont, et personne ne savait où prendre l'argent nécessaire pour le conserver, moins encore pour le reconstruire presque en entier. L'argent destiné aux travaux du pont était devenu insuffisant, ce qui semble justifier les Frères Pontifes.

Les savants Bénédictins du Languedoc sem-

1. *Mémoire statistique*, p. 131.
2. *Dictionnaire géographique de la France*, par Expilly. Paris, 1762, t. I, p. 341, article *Avignon. Nouveau Dictionnaire historique*, par Chaudon et Delandine. Lyon, 1804, tome II, page 206 et 207, article *Bénézet*.

blent avoir voulu enlever entièrement le Rhône
à la Provence; mais M. de Nicolaï s'est efforcé
de prouver, par de grandes recherches, que la
province de Languedoc, loin de posséder en
propre la portion du fleuve qui coule entre
elle et la Provence, n'en peut prétendre la propriété qui, selon lui, doit appartenir exclusivement à la Provence. Ceux qui voulaient accorder
le différend, proposaient de partager le lit du
Rhône par moitié entre les deux provinces;
mais ce n'est pas ainsi que l'on décide des faits [1].

On trouvait, disaient les jurisconsultes français en Languedoc, que, depuis l'extension de
la monarchie française dans les contrées méri-
dionales de ce royaume, le Rhône avait toujours
appartenu en toute propriété à nos rois [2]. Dans
le temps même où il se forma de nouvelles sou-
verainetés en Dauphiné et en Provence, les usur-
pateurs de ces provinces, ajoute-t-on, ne pous-
sèrent leur attentat que jusqu'aux bords du
Rhône, et nos rois continuèrent de jouir d'une
pleine et entière souveraineté sur ce fleuve.
Dans la suite, les dauphins de Viennois et

---

1. *Encyclopédie.* Neufchastel, 1765, t. XIV, p. 261, article
Rhône, par le chevalier de Jaucourt.

2. Cet argument a déjà été rapporté plus haut, et nous y
avons répondu.

les comtes de Provence reconnurent aussi que le Rhône appartenait absolument aux rois de France. Cette vérité, ou du moins cette ancienne prétention a été confirmée par un grand nombre de déclarations, d'édits et d'ordonnances de nos rois, et par plusieurs arrêts fameux du parlement de Toulouse.

Au commencement du dix-huitième siècle, il survint de nouvelles difficultés au sujet de quelques créments qui s'étaient formés à la rive gauche du Rhône, et que la ville d'Avignon disputait à la communauté des Angles en Languedoc; mais la contestation fut terminée en faveur de cette commune par un arrêt du Conseil du 22 janvier 1726.

Ces divers arrêts portent, entre autres choses, que « Sa Majesté demeurera maintenue, ainsi « que les rois ses prédécesseurs l'ont toujours été « comme rois de France, dans l'ancien droit et « possession immémoriale de la souveraineté et « de la propriété du fleuve du Rhône, d'un bord « à l'autre, tant dans son ancien que nouveau « lit, par tout son cours, et des îles, îlots, créments, et atterrissements qui s'y forment, et « qui font partie de la province de Languedoc, etc. »

Toutes ces prétentions opposées nuisaient évi-

demment aux réparations du pont, dont la ville
d'Avignon n'avait en quelque sorte plus le droit
de s'occuper, puisque la propriété du lit du
fleuve lui était contestée. Les papes ne renon-
çaient cependant point à leurs droits, en sorte
que le roi de France aurait aussi rencontré de
grands obstacles s'il avait voulu se charger des
constructions nécessaires. Le véritable propriétaire des eaux du Rhône était encore incertain.
On convenait en France que la ville et le territoire d'Avignon dépendaient du pape en toute
souveraineté ; mais on prétendait que le Rhône
était absolument sous la domination du roi :
ainsi le souverain pontife n'y pouvait exercer
aucune juridiction [1].

Au reste, il n'est pas douteux qu'Avignon
abandonnée par ses souverains qui ne parlaient
pas même sa langue, ne pouvait avoir qu'une
vie languissante et inactive. Il fallait qu'elle fût
réunie tôt ou tard à la nation qui l'entourait de
tous côtés, qui avait les mêmes mœurs, les mêmes usages et dont le langage était aussi le même.
Il a cependant fallu de sanglantes catastrophes
pour opérer cette révolution, et détacher de

---

[1]. *Dictionnaire géographique de la France,* par Expilly.
Paris, 1762, t. I, p. 347, article *Avignon.*

leurs anciens maîtres des sujets heureux d'ailleurs sous une administration douce et pater-
nelle.

§ 3. *Histoire du pont sur le Rhône à Avignon*
depuis la réunion de cette ville à la France.

Le pont d'Avignon, célèbre encore quand il
n'existait plus, a participé au sort de la France,
à laquelle cette ville a été incorporée en 1791.
Ce fut un décret de l'assemblée nationale de
France, rendu le 14 septembre de cette année,
qui déclara que les États d'Avignon et du comté
Venaissin faisaient partie intégrante de la France.

Le pape consentit à cette réunion lorsque, par
l'article 6 du traité de paix conclu à Tolentino,
le 19 février 1797, entre ses plénipotentiaires et
ceux du gouvernement français, approuvé et
ratifié par lui-même à Rome, le 23 du même
mois, il renonça purement et simplement en
faveur de la France à tous les droits qu'il pourrait prétendre sur les villes et territoires d'Avignon, du comté Venaissin et de ses dépen-
dances [1].

1. *Notes historiques concernant les recteurs du comté Ve-*
naissin, par Charles Cottier. Carpentras, 1806, p. 436.

Pendant la crise qui consomma cette révolution, les habitants de cette belle contrée se crurent au dernier période du malheur. Mais lorsqu'un gouvernement monarchique out enfin rétabli l'ordre en France, le pont d'Avignon, qui méritait son attention sous tous les rapports, renaquit en quelque sorte de ses cendres.

L'ancien emplacement a été changé. La construction nouvelle n'est plus en pierres ; elle est en bois de mélèze, et l'on croyait que les quatre anciennes arches qui subsistent encore allaient être détruites, parce qu'elles gênaient trop la navigation, le pont nouvellement construit ayant été placé beaucoup plus bas. La descente de ce nouveau pont a lieu dans le plus beau quartier de la ville, et ne présente plus aux voitures fortement chargées, le danger de rampes trop raides et de rues étroites et escarpées [1]. Peut-être en est-il résulté quelques inconvénients. Car quels sont les établissements qui n'en présentent point? L'ancienne situation du pont avait l'avantage de l'élever au-dessus des inondations en conduisant directement au quartier de la ville qui en est

---

[1]. *Mémoire statistique sur le département de Vaucluse,* par Maxime Pazzis. Carpentras, 1808, p. 132.

exempt; elle avait celui d'unir Avignon à l'île de la Bartalasse et à Villeneuve qui sont abandonnées et délaissées dans le nouveau plan. Mais l'ingénieur habile qui l'a dirigé, M. Duvivier, trop tôt enlevé à ses nombreux amis, a sans doute eu des motifs qu'il a fallu respecter puisque le gouvernement a jugé convenable d'y céder. Des oppositions s'étaient élevées. Mais ce qu'il y aurait eu de plus fâcheux pour Avignon, aurait été de n'avoir plus de pont, comme cela serait arrivé si les discussions sur son emplacement s'étaient trop prolongées. Malheureusement le pont, tel qu'il est, a souvent besoin de réparations, et l'on craint qu'il ne puisse résister bien long-temps aux fréquentes inondations du Rhône.

P. S. Cette crainte a malheureusement été justifiée dans le rigoureux hiver qui vient de s'écouler. Voici ce que l'on m'écrit d'Avignon sur ce sujet, le 14 février 1830 :

« Six arches de notre pont, sur le grand Rhône, ont été emportées lors de la débâcle des glaces, qui étaient d'une telle épaisseur que jamais personne alors vivant n'en avait vu d'aussi fortes Le conseil municipal a délibéré d'en construire

un nouveau sur le grand Rhône seulement, en
fil de fer. On répare aussi celui du côté d'Avignon, qui a souffert presque autant ; mais on
n'a pas beaucoup d'espoir de le conserver long-
temps. »

FIN.

www.ingramcontent.com/pod-product-compliance
Lightning Source LLC
LaVergne TN
LVHW022029080426
835513LV00009B/944